Het geslacht Roling uit Amsterdam

Bas Roeling

Het geslacht Roling uit Amsterdam

Genealogisch & Heraldisch Bureau S. Roeling

De tekst in deze uitgave: © Jkr. Dr. Sebastiaan Eduard Markus Roeling 2022

ISBN 978-1-4709-8017-7

NUR 680, Geschiedenis algemeen

Eerste druk, november 2022

Genealogisch & Heraldisch Bureau S. Roeling Bergschenhoek

Inhoud

De oorsprong van het geslacht Roling

De oorsprong van het in dit boek beschreven geslacht Roling ligt in het kleine plaatsje Thuine in het graafschap Lingen, net als enkele andere families met een overeenkomstige achternaam, zoals bijvoorbeeld Rohling, Roelink of Roeling.

Waar de andere Roling en Roeling families uit Thuine zich vestigden in het Zuid-Hollandse Aarlanderveen en de regio rond Schiedam, vestigde de koopman Bernardus Wilhelmus Roling zich samen met zijn vrouw in Amsterdam. Deze tak zou enkele succesvolle koopmannen voortbrengen en dient niet verward te worden met het geslacht Rohling uit Neuenkirchen waarvan een tak zich eveneens vestigde in Amsterdam en werkzaam was in de kledingindustrie.

De grootvader van Bernardus Wilhelmus is de huidige stamvader van dit geslacht. Deze Wilhelmus Roling huwde in 1751 in Thuine met Catharina Jegerinck. Dat dit geslacht dus al enkele generaties lang woonachtig was in Thuine is een sterke aanwijzing dat het hier een familietak betreft van het geslacht Röhling – Roeling. Ook de naamgeving van de eerste generaties is hiervoor een aanwijzing, want hoewel de naam Wilhelmus tot dat moment niet voorkomt bij dit geslacht, gaf Wilhelmus zijn twee kinderen de namen Hermannus Johannes en Johannes Bernardus Josephus. De namen Hermannus, Johannes en Bernardus komen veelvuldig voor bij het geslacht Röhling – Roeling. Omdat de doopboeken van Thuine pas beginnen in 1738 en Wilhelmus enkele jaren eerder geboren zal zijn, is het nagenoeg onmogelijk de familieband met dit geslacht aan te tonen op basis van archiefonderzoek, daarvoor ontbreekt waarschijnlijk nét het laatste puzzelstukje in de Doop-, Trouw-, en Begraafboeken.

De meter van de oudste zoon van Wilhelmus, Hermannus, was Gesina Rolink. Bij het geslacht Röhling – Roeling vinden we een zekere Gesina Hegemans die in 1741 huwde met Bernardus Albertus Rö(h)ling en in dezelfde kleine kerkgemeenschap dus bekend stond als Gesina Röling. Ook dit is weer een aanwijzing dat het hier gaat om hetzelfde geslacht. Het geeft zelfs ruimte voor speculatie. Want als dit inderdaad één en dezelfde Gesina is, zou dit heel goed de tante van Hermannus kunnen zijn. Dat maakt deze Bernardus Albertus de oudere broer van Wilhelmus. Dan zouden Johann Heinrich Röhling en Griete Egberts de ouders zijn van Wilhelmus Roling.

Genealogie van het geslacht Roling

1.1   **Wilhelmus Roling**, geboren in circa 1725. Rooms-Katholiek gehuwd op 11-12-1751 te Thuine met **Catharina Jegerinck (Jager, Wehmeyer)**, geboren in circa 1725 te Paderborn.

Wilhelmus is de huidige stamvader van het in dit boek beschreven geslacht Roling. Uitgaande van tijd, plaats en de namen die hij aan zijn kinderen heeft gegeven is het aannemelijk dat Wilhelmus behoort tot het geslacht Röhling – Roeling, echter omdat de doopboeken van Thuine pas beginnen in 1738 en Wilhelmus voor die tijd geboren zal zijn, is het nagenoeg onmogelijk de familieband met dit geslacht aan te tonen op basis van archiefonderzoek.

Uit dit huwelijk:

1.   **Hermannus Johannes Roling** (zie: 2.1);
2.   **Johannes Bernardus Josephus Roling** (zie: 2.2).

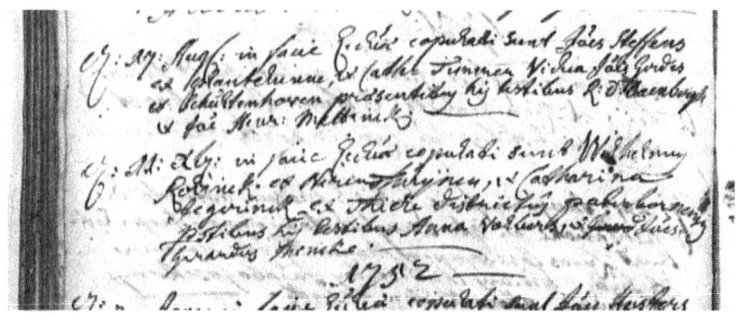

Afbeelding uit het trouwboek van St.Georg te Thuine met vermelding van het huwelijk van Wilhelmus en Catharina.

2.1   **Hermannus Johannes Roling**, gedoopt op 12-11-1752 te Thuine (getuigen: Herman Rolink en Gesina Rolink). Zoon van Wilhelmus Roling en Catharina Wehmeyer (zie: 1.1). Gehuwd op 13-01-1778 te Thuine met **Gesina Bunke (Boncke)**, geboren in 1751 te Messingen, Lingen.

De meter van Hermannus was Gesina Rolink. Bij het geslacht Röhling – Roeling vinden we een zekere Gesina Hegemans die in 1741 huwde met Bernardus Albertus Rö(h)ling en in dezelfde kleine kerkgemeenschap dus bekend stond als Gesina Röling. Ook dit is weer een aanwijzing dat het hier gaat om hetzelfde geslacht.

Uit dit huwelijk:

1. **Catharina Adelheidis Roling**, gedoopt op 06-11-1778 te Thuine;
2. **Bernardus Wilhelmus Roling** (zie: 3.1).

2.2   **Johannes Bernardus Josephus Roling**, gedoopt op 27-10-1754 te Thuine. Zoon van Wilhelmus Roling en Catharina Wehmeyer (zie: 1.1). Gehuwd op 13-11-1781 te Thuine met **Anna Margaretha Keve**, geboren in circa 1755 te Niederthuine.

Bladzijde uit het doopboek van 1752 met vermelding van Hermannus Johannes Roling.

Bladzijde uit het doopboek van 1754 met vermelding van Johannes Bernardus Josephus Roling.

13

3.1 **Bernardus Wilhelmus (Barend Willem) Roling**, Rooms-Katholiek gedoopt op 18-10-1783 te Thuine (getuigen: Siardus Boncke en Anna Margaretha Borg), overleden op 12-07-1861 te Amsterdam. Zoon van Hermannus Johannes Roling en Gesina Bunke (zie: 2.1). Gehuwd op 17-08-1817 te Lingen met **Maria Anna Uchtman (Uchtmann)**, geboren in circa 1791 te Lingen, overleden op 20-03-1854 te Amsterdam (63 jaar oud).

Kort na hun huwelijk verhuisde het echtpaar Roling – Uchtman naar Amsterdam waar een klein jaar later hun eerste kind, Anna Maria, werd geboren. Barend maakte carrière als turfkoopman en koopman in kleding. Het echtpaar was lange tijd woonachtig aan de Heerengracht te Amsterdam.

Uit dit huwelijk:

1. **Anna Maria Roling** (zie: 4.1);
2. **Maria Egberta Roling** (zie: 4.2);
3. **Bernardus Wilhelmus Roling**, geboren op 11-07-1823 te Amsterdam;
4. **Maria Catharina Roling** (zie: 4.3);
5. **Gesina Martha Roling** (zie: 4.4);
6. **Johannes Bernardus Roling** (zie: 4.5);
7. **Maria Louisa Roling** (zie: 4.6).

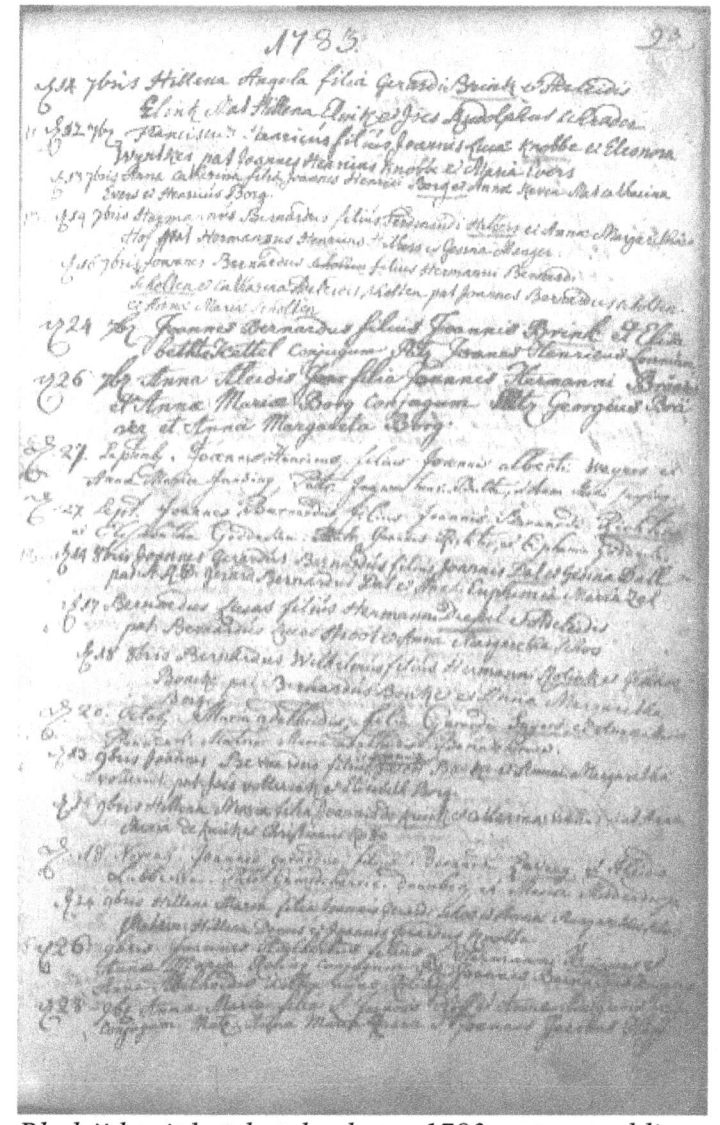

Bladzijde uit het doopboek van 1783 met vermelding van Barend Willem Roling.

15

4.1   **Anna Maria Roling**, geboren op 11-07-1818 te Amsterdam. Dochter van Bernardus Wilhelmus Roling en Maria Uchtman (zie: 3.1). Gehuwd met **Gerardus Wilhelmus Toppe**, geboren in circa 1825 te Amsterdam.

Gerardus was van beroep fabrikant.

4.2   **Maria Egberta Roling**, geboren op 07-07-1821 te Amsterdam, overleden op 06-07-1908 te Amsterdam. Dochter van Bernardus Wilhelmus Roling en Maria Uchtman (zie: 3.1). Gehuwd op 07-06-1842 te Haarlem met **Adriaan Weijen**, geboren in circa 1815 te Tholen, overleden in 1843 te Tholen (28 jaar oud). Zoon van **Hendrik Weijens** en **Anna Elst**, particuliere. Gehuwd (2) op 13-11-1844 te Haarlem met **Gerhardus Wilhelmus Foppe**, geboren op 26-03-1815 te Amsterdam. Zoon van **Johannes Antonius Foppe** en **Anna Maria Francisca Antoinette Alteveld**, fabrikante.

Adriaan was van beroep koopman. Gerhardus was van beroep fabrikant. In het bevolkingsregister stond vermeld dat Maria Rooms-Katholiek was en woonachtig was op Roeterseiland 36 (later 135) te Amsterdam.

4.3 **Maria Catharina Roling**, geboren op 31-07-1824 te Amsterdam, overleden op 29-05-1886 te Amsterdam. Dochter van Bernardus Wilhelmus Roling en Maria Uchtman (zie: 3.1). Gehuwd (1) op 13-11-1844 te Amsterdam met **Andreas Antonius Kreeft**, geboren op 30-08-1821 te Amsterdam. Zoon van **Johannes Joachim Kreeft** en **Maria Catharina Althoff**. Gehuwd (2) op 30-05-1855 te Amsterdam met **Nicolaus Caspar Melchior Balthazar Coppenrath**, geboren op 06-01-1815 te Meppen, overleden op 02-01-1885 te Amsterdam. Zoon van **Jacob Wilhelm Maria Coppenrath** (leraar aan het Gymnasium te Meppen) en **Anna Maria Francisca Catharina Luleff**.

Andreas was van beroep soldaat en later winkelier. Nicolaus was van beroep commissionair.

Uit het huwelijk Kreeft – Roling:

1. **Maria Anna Kreeft**, geboren in circa 1847 te Amsterdam, overleden op 31-03-1932 te Ouder-Amstel. Gehuwd op 21-05-1874 te Amsterdam (27 jaar oud) met **Bernhard Theodor Antonius Tappe**, geboren op 11-01-1840 te Amsterdam. Zoon van **Johan Tappe** en **Anna Weskenvalt**.

Uit het huwelijk Coppenrath – Roling:

1. **Joseph Maria Coppenrath**, geboren op 08-05-1864 te Amsterdam;
2. **Nicolaus Jacobus Antonius Coppenrath**, geboren in 1868 te Amsterdamm, overleden op 11-08-1868 te Amsterdam.

4.4 **Gesina Martha Roling**, geboren op 21-05-1827 te Amsterdam, overleden op 25-01-1872 te Amsterdam. Dochter van Bernardus Wilhelmus Roling en Maria Uchtman (zie: 3.1). Gehuwd op 08-05-1851 te Amsterdam met **Johannes Gerhardus Wouters de Ruiter**, geboren op 04-07-1820 te Amsterdam, overleden op 28-06-1856 te Amsterdam. Zoon van **Hendrik de Ruiter** (commissionair) en **Agnes Boise**. Gehuwd (2) op 25-01-1872 te Amsterdam met **Harmannus Nicolaas van Veen**, geboren op 24-10-1812 te Veendam. Zoon van **Hendrik van Veen** en **Helena Heres**. Hermannus was eerder gehuwd met **Anna Catharina Nagel**.

Johannes was van beroep commissionair. Harmannus was van beroep wijnkoper.

Uit het huwelijk Van Veen – Nagel:

1. **Jasparine Marie Louise van Veen**,
2. **Anna Maria Henriette van Veen** (zie ook: 4.7);

3. **Louis Nicolaas van Veen**, overleden op 14-05-1862 te Rotterdam (13 jaar oud);
4. **Theodorus Hendrikus van Veen**, priester, overleden op 17-05-1904 te Katwijk aan de Rijn.

4.5 **Johannes Bernardus Roling**, geboren op 15-01-1829 te Amsterdam, overleden op 29-12-1901 te Bussum. Zoon van Bernardus Wilhelmus Roling en Maria Uchtman (zie: 3.1). Gehuwd op 30-07-1863 te Amsterdam met **Elisabeth Lucretia Le Doux**, geboren op 28-08-1838 te Amsterdam, overleden op 29-10-1915 te Amsterdam. Dochter van **Vincent Le Doux** en **Anna Maria Magdalena Varensbach**.

Johannes was van beroep koopman. Op 19-05-1864 en op 10-02-1878 werd geregistreerd dat zij woonachtig waren aan de Binnen Amstel 145.

Uit dit huwelijk:

1. **Gerardus Wilhelmus Vincentius Maria Roling** (zie: 5.1);
2. **Catharina Maria Etienne Roling**, geboren op 05-09-1866 te Amsterdam, overleden op 05-09-1866 te Amsterdam;
3. **Johannes Egbertus Maria Roling** (zie:5.2);
4. **Henriëtte Philipina Maria Roling**, geboren op 23-05-1873 te Amsterdam, overleden op 05-06-1873 te Amsterdam;
5. **Catharina Maria Etienne Roling** (zie: 5.3).

De Binnen Amstel in circa 1900.

4.6 **Maria Louisa Roling**, geboren op 28-01-1832 te Amsterdam, overleden op 29-12-1864 te Amsterdam. Dochter van Bernardus Wilhelmus Roling en Maria Uchtman (zie: 3.1). Gehuwd op 22-08-1861 te Haarlem met **Theodorus Johannes Petrus Duncker**, geboren op 04-05-1820 te Amsterdam, overleden op 11-01-1885 te Amsterdam. Zoon van **Theodorus Duncker**, kleermaker, en **Sophia Josepha Willemsen**. Theodorus was eerder gehuwd op 20-04-1848 te Amsterdam met **Anna Bernadina Filbie**, geboren in circa 1815 te Amsterdam. Dochter van **Johan Bernard Godfried Filbie**, tapper, en **Johanna Hulsken**.

Theodorus was van beroep kleermaker. Samen woonde het echtpaar aan de Heerengracht te Amsterdam.

Uit het huwelijk Duncker – Filbie:

1. **Josephus Theodorus Duncker**, kassier, geboren in circa 1854 te Amsterdam. Gehuwd op 05-06-1878 te Amsterdam met **Anna Maria Hednriette van Veen**, geboren in circa 1853 te Amsterdam (zie ook 4.4).

5.1   **Gerardus Wilhelmus Vincentius Maria Ro-ling**, geboren op 19-05-1864 te Amsterdam, overleden op 11-12-1929 te Bloemendaal. Zoon van Johannes Bernardus Roling en Elisabeth Lucretia Le Doux (zie: 4.5). Gehuwd op 28-10-1884 te Amsterdam met **Anna Maria Josephina Sieuwe**, geboren op 20-03-1861 te Amsterdam, overleden op 21-01-1930 te Overveen. Dochter van **Johan Arnold Sieuwe** en **Dorothea Maria Pieterse (Pietersz.)**.

Ten tijde van het huwelijk was Gerardus van beroep winkelier was. Later was Gerardus manufacturier en agent van buitenlandsche huizen.
  Anna Maria Josephina was een zuster van Maria Anna Agnes Siewe, de echtgenote van Johannes Roling, de broer van Gerardus (zie: 5.2).

Uit dit huwelijk:

1. **Johannes Bernardus Lucretius Maria Roling** (zie: 6.1);
2. **Dorothea Maria Johanna Gerarda Roling** (zie: 6.2).

5.2   **Johannes Egbertus Maria Roling**, geboren op 08-12-1867 te Amsterdam, overleden op 13-05-1942 te Haarlem. Zoon van Johannes Bernardus Roling en Elisabeth Lucretia Le Doux (zie: 4.5). Gehuwd op 23-06-1898 te Amsterdam met **Ma-**

ria **Anna Agnes Siewe**, geboren op 14-12-1866 te Amsterdam, overleden op 07-06-1935 te Bussum. Dochter van **Johan Arnold Siewe** en **Dorothea Maria Pietersz.**

Johannes was ten tijde van zijn huwelijk van beroep handelsagent. Later stond hij bekend als manufacturier.

Maria Anna Agnes was een zuster van Anna Maria Josephina Sieuwe, de echtgenote van Gerardus Roling, de broer van Johannes (zie: 5.1).

5.3 **Catharina Maria Etienne Roling**, geboren op 10-02-1878 te Amsterdam, overleden op 20-05-1952 te Haarlem. Dochter van Johannes Bernardus Roling en Elisabeth Lucretia Le Doux (zie: 4.5). Gehuwd op 22-06-1904 te Watergraafsmeer met **Gerardus Wilhelmus Roelofsen**, geboren op 20-01-1869 te Doesburg, overleden op 09-04-1955 te Haarlem. Zoon van **Bernardus Roelofsen**, aannemer, en **Wilhelmina Bouwmeester**.

Gerardus was van beroep onderwijzer. Het echtpaar woonde van 1909 tot 1937 in de Vrolikstraat te Amsterdam, daarna te Haarlem.

Uit dit huwelijk:

1. **Maria Anna Agnes Roelofsen**, geboren in circa 1908 te Watergraafsmeer. Gehuwd op

22-05-1940 te Haarlem met **Petrus Jozeph Marie Brokx**, winkelier, geboren in circa 1905 te Nijmegen. Zoon van **Adrianus Petrus Brokx** en **Elisa Marie Brinkman**.

Vrolikstraat omstreeks 1924, gezien in de richting van de Linnaeusstraat.

6.1 **Johannes Bernardus Lucretius Maria Roling**, geboren op 27-07-1885 te Haarlem, overleden op 12-08-1921 te Laren. Zoon van Gerardus Wilhelmus Vincentius Maria Roling en Anna Maria Josephina Sieuwe (zie: 5.1). Gehuwd op 25-07-1912 te Amsterdam met **Clara Maria Agnes Sarlemijn**, geboren op 21-10-1888, overleden op 17-04-1928 te Heerlen. Dochter van **Gerardus Joannes Sarlemijn**, makelaar, en **Maria Johanna van der Lee**.

Johannes was van beroep koopman en later, evenals zijn vader, agent van buitenlandsche huizen.

Uit dit huwelijk:

1. **Gerardus Bernardus Maria Roling**, geboren op 31-05-1913 te Amsterdam, overleden op 03-08-1985 te Amsterdam. Gerardus bleef ongehuwd. Hij was van beroep assurantie acquisiteur.

6.2   **Dorothea Maria Johanna Gerarda Roling**, geboren op 16-02-1888 te Haarlem, overleden op 22-01-1975 te Bloemendaal. Dochter van Gerardus Wilhelmus Vincentius Maria Roling en Anna Maria Josephina Sieuwe (zie: 5.1). Gehuwd op 21-11-1934 te Haarlem met **Jacob Vetter**, geboren op 11-08-1877 te Amsterdam, overleden op 09-10-1955 te Haarlemmermeer. Zoon van **Johan George Vetter** en **Anna Maria Catharina Wassman**. Het huwelijk bleef kinderloos.

Dorothea werd bij haar huwelijk vermeld als koopvrouw. Tijdens de oorlog was zij werkzaam bij de distributiedienst 1940-1945. Jacob was van beroep koopman en handelsreiziger.

Bronvermelding

Binnen Amstel, geheel links de Groenburgwal en Staalkade. In het midden Zwanenburgwal hoek Amstel 29. Wikipedia, Uitgave N.J. Boon, Amsterdam, ca 1900.

CBG familieadvertenties.

Coppenrath. Homepage van Dr. W. Bruijnesteijn van Coppenraet, B.N. Bruijnesteijn van Coppenraet, 25-04-2021.

Creef(f)t en Kreef(f)t, A.J. vd. Pol, Waalre, februari 1999.

Erfgoed Leiden en Omstreken.

Gemeentearchief Amsterdam.

Gemeentearchief Rotterdam.

Genealogie Fischer-Sandker, Groningen, Drenthe, Emsland, www.stamboomonderzoek.com, 2022.

Geschichte der Westphälischen Geschlechter Coppenrath, A. Fahne von Roland, 1858.

Het adellijk geslacht Röhling – Roeling – Rüling, Jkr. Dr. S.E.M. Roeling, Lulu Press, 2020.

Histrorische cirkel Heemskerk.

Kwartierstaat Willem Bruijnesteijn van Coppenraet, 2022.

Matricula, Heiraten Thuine, St. Georg 1724-1770.

Matricula, Heiraten Thuine, St. Georg 1738-1756.

Matricula, Heiraten Thuine, St. Georg 1770-1799.

Matricula, Taufen Thuine, St. Georg 1738-1756.

Matricula, Taufen Thuine, St. Georg 1756-1795.

Noord-Hollandsarchief.

Regionaal archief alkmaar notariele archieven.

Regionaal historsich centrum eindhoven, bevolkingsregister deurne.

Vreugde en leed in de Vrolikstraat, Ron de Wit, Dwars door Amsterdam Oost, 9 augustus 2019.